물의 여행

크리스텔 위에-고메즈 글
에마뉘엘 우세 그림
이효숙 옮김

다산기획

아이 추워. 폴짝!
물방울 하나가 구름을 빠져나가요.
그러자 다른 물방울이 따라가요. 또 다른 물방울도.
이어서 물방울 수천 개가 따라나서요. 비가 오는 거랍니다.

소나기가 오려는 걸까요?
폭우가 내려서 우리를 흠뻑 적시려는 걸까요?
너는 비옷을 잘 챙겨 입었니?

폭풍우

아주 가늘게 내리는 비는 이슬비예요.
하늘이 시커매졌다면, 폭풍우가 몰아치려는 거예요.

잘 됐어요! 물이 필요하니까요!
목욕하는 엄마를 위해,
식물에 물을 주는 아이를 위해,
다정하게 이야기하는 연인을 위해,
그리고 아기를 위해 필요해요.
아기 건 약간 달콤하면 좋을 텐데요.

비가 내리는 걸 보았니?
웅덩이와 연못에서
　　가까운 풀밭의 물 고인 곳에서,
늪과 멀리 떨어진 바다에서도.

땅이 파인 곳으로 비가 미끄러져서
보도를 따라 흘러가는 것도 볼 수 있어요.

그러더니 물이 한 방울도 보이지 않네요!
　　모두 땅속으로 스며들었답니다.

물의 일부는 흙을 적시고, 식물은 그 물을 빨아올립니다.
다른 물은 물이 스며들지 않는 지층을 만날 때까지 돌진해갑니다.
그러다가 바위 사이에 갇히기도 합니다. 물이 스며들 수 있는 바위거든요.
그 물은 지하수층이 되지요.

물은 움푹 파인 곳이나 동굴에 모일 수도 있고,
졸졸 흘러서 땅속 호수에서 만날 수도 있어요.

땅속 호수

벽난로 곁은 무척 따뜻해요!
놀다보면 땀이 흐르고,
땀방울은 증발하기도 하지요.
그러면 기체가 될 테고, 그것이 바로 수증기랍니다.

햇빛도 물을
수증기로 바꾸어요.

아침에는
공기가 아직 선선하고
풀은 촉촉이 젖어 있어요.

무슨 일이 있었던 걸까요?
낮에 태양의 열기 때문에
증발했던 수증기가
밤 동안 공기가 차가워져서,
다시 액체로 된 거랍니다.
수증기가 응결한 거지요.

산꼭대기에 가까워질수록
점점 더 추워져요.
너무 추워서 물방울은
별 모양의 눈이 되어버리죠.
멀리 빙하에 떨어진 눈송이들 같아요.
<u>으스스스</u>, 영하의 날씨에요.
냉장고가 얼음을 만드는 것처럼
물이 단단해졌어요.

날씨가 아주 흐리고
공기 중에 습기가 많고
멀리까지 볼 수 없다면
안개가 낀 거랍니다.

땅에 구름이 낀 것 같아요.
하지만 그리 놀라지 마세요!
안개는 구름과 마찬가지로
아주 작은 물방울이나 얼음 알갱이들이
모여 있어서 그런 거니까요.

하늘에서 땅을 보면 무척 아름다워요!
그 투명한 물이 모두 바다로 가고 있어요!
물은 빙하를 벗어나 산허리를 따라 줄줄 흐르고,
시내에서 강으로 흘러 내려간 뒤 큰 강을 따라 흐르지요.
지하수층에서 물이 샘물처럼 솟아 나와요.
하지만 때로는 물을 찾으려고 우물을 파야 해요.

바다에서는 수없이 많은 작은 물방울이
파도와 함께 춤을 추고
물결 따라 흐르고 있어요.
강물과 빗물이 바다로 간 것이라면,
바닷물은 왜 짠 걸까요?

왜 그런지 알려면
아주 오래 전으로 거슬러 올라가야 해요.
공룡이 살던 때보다 훨씬 더 전인
최소한 40억 년 전으로 가볼까요.

그땐 어마어마한 비가 내렸어요.
엄청 쏟아져 내린 비로
땅과 바위가 품고 있던 소금이 녹아들었지요.
그래서 짠 바다를 만든 거랍니다.

햇볕이 쨍쨍 내리쬐면 뜨거워져서
물은 바다 표면에서 벗어나 공기 속으로 날아갑니다.
물이 증발되는 거예요.

호수나 강, 시냇물에서도
물이 증발된답니다.

물이 촉촉한 땅에서는 아름다운 숲이 자라요.
식물도 우리처럼 물이 필요해요.
그리고 우리처럼 수분을 내뿜어요.

공기 중에 수증기가 많아지면
더 높이 올라가
구름으로 모여들지요.

구름 중에는
커다란 구름, 작은 구름도 있고,
둥그런 구름, 납작한 구름도 있으며,
흰 구름, 잿빛 구름도 있어요!

모든 구름에는 저마다 이름이 있답니다.
크기나 높이에 따라서 정한 이름이지요.

하늘에 떠다니던 구름이
찬 공기를 만났다가 더운 공기를 만나고,
다시 찬 공기를 만나면
작은 물방울들이 바르르 움직이다가
서로 합쳐지고 무거워집니다.

그러다가 저런!
물방울이 구름을 빠져나가면서
다시 비가 오기 시작하네요.

사실, 물은 바다와 하늘 사이에서,
숲과 연못, 구름 사이에서
액체와 기체 형태로 빙글빙글 돌고 돈답니다.
그것이 바로 물의 여행이에요.

물의 여행

_마르그리트 티베리 박사

물이 열을 흡수하여 수증기로 변할 때면, 액체 상태에서 기체 상태로 넘어간다.
반대로, 흡수한 열을 다시 내보내면 수증기가 응축되어 다시 액체가 된다. 물은 고체 형태로 존재하기도 한다.
온도가 영하로 내려가면 물은 고체의 얼음이 된다. 얼음이나 빙하는 아주 촘촘한 물의 결정체로 되어 있다.
눈송이 속에서는 이보다는 덜 촘촘하다. 눈이나 얼음이 녹을 때는 다시 액체 상태의 물이 된다. 물이 고체
상태에서 액체 상태를 거치지 않고 바로 기체 상태로 넘어가기도 하는데, 이런 현상을 '승화'라고 한다.

구름은 수많은 미세한 물방울이나 미세 결정체들로 이루어져 있다. 이 물방울들은 공기 중의 수증기가 응축된(액화된) 결과이다.
이 물방울들은 서로 부딪치다가 결합하여 점점 더 큰 물방울들을 만든다. 그 물방울들이 너무 무거워지면(최대 8일 후) 그 무게를
견디지 못하고 떨어지는데, 그 물방울들의 무게에 따라 느리게 또는 빠르게 떨어진다. 물방울들은 시속 5킬로미터로 천천히 떨어질
수도 있고, 시속 30킬로미터로 매우 빠르게 떨어질 수도 있다! 그래서 가랑비가 오기도 하고, 억수같이 쏟아지기도 하며,
폭풍우가 몰아치기도 하는 것이다.

빗물의 일부는 경사면을 따라 흐르고, 다른 일부는 땅에 스며들어 식물들에게 물을 먹이며, 또 일부는 다양한 지층들로 스며든다.
그 층이 모래이면 빨리 스며들고, 모래 반 진흙이 반이면 조금 더디게 스며든다. 석회질 층을 통과할 때는 천천히 스며들거나
갈라진 틈 사이로 흐른다. 완전히 방수되는 층에까지 물이 도달하면 바로 위의 상층에 붙잡혀 머무르게 된다.
그러면서 지하수층이 형성되고, 땅속 호수나 하천이 형성될 수도 있다.
지하수는 바다에까지 흐른다.
지하수가 샘물로 솟아나와 흐를 수도 있다.

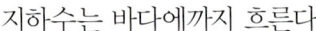

흐르는 물은 개울, 하천, 강에서 모이고, 바다를 향해 흐른다.
바닷물과 빗물의 일부는 증발한다.
식물들도 증산 작용으로 공기 중에 수증기를 내보낸다.
이렇게 모인 공기 중의 수증기가 다시 응축되면 하늘은 구름으로
덮이고, 마침내 비가 온다.

이제까지 우리는 물의 순환 또는 물의 여행에 대해 살펴보았다.
단 한 방울의 물도 없어지지 않고, 새로 생겨나지도 않는다.
물은 그저 형태만 바뀔 뿐이다.
바닷물은 우리의 가장 큰 저수지이다. (지구의 물 중 97%)
빙설, 빙하, 지하수층, 호수는 바닷물에 비하면 훨씬 적다. (3%)
하지만 이 물들은 우리가 살아가는 데 없어서는 안 될 꼭 필요한
저수지이다. 우리가 소비하는 물의 70%는 경작이나 목축에 쓰인다.
흐르는 물과 지하수를 '파란 물'이라고 부르며,
수도관을 통해 얻고 배분된다.
'초록 물'은 땅속에 스며들어 식물이 성장하는 데 꼭 필요한 물이며,
빗물이나 눈의 60%가 초록 물이 된다.
이 물은 우리에게 매우 중요한 자원이다.

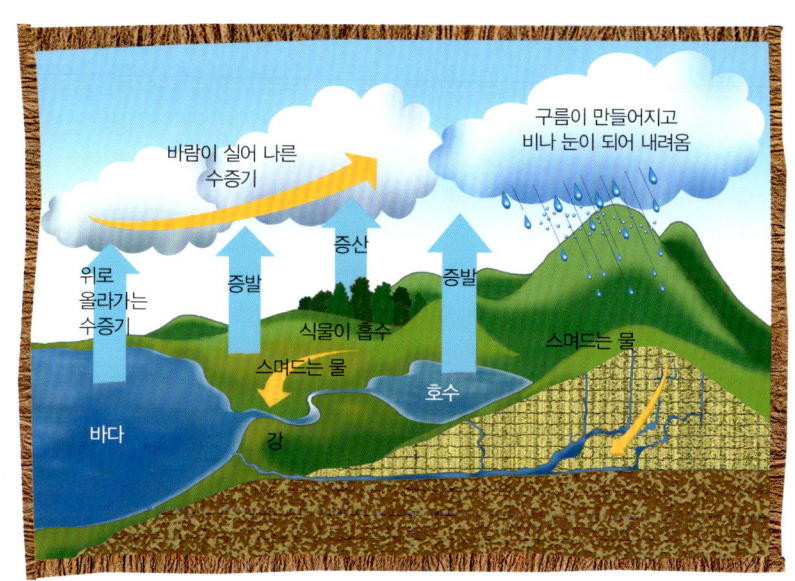

물의 순환 　　　　　　　　　© 교과서와 함께 보는 어린이 과학사전

글 크리스텔 위에-고메즈
파리 근처에 살고 있으며, 역사·지리 선생님입니다. 언론매체에 정기적으로 글을 쓰고 있고,
어린이들을 위해 글도 쓰고 그림도 그려 책을 펴내고 있습니다.

그림 에마뉘엘 우세
피바 학교를 졸업하였고, 아이들을 위한 아틀리에들에서 정기적으로 프로그램을 운영하고 있습니다.

옮김 이효숙
연세대학교 불어불문학과를 졸업하고, 프랑스 파리 소르본 대학에서
프랑스문학으로 석사와 박사학위를 받았습니다.
옮긴 책으로 '과학, 재미있잖아!' 시리즈의 〈방사능이 도대체 뭘까?〉
〈화산은 어떻게 폭발할까?〉〈감정은 왜 생길까?〉를 비롯하여
〈어린이를 위한 식물의 역사와 미래〉〈지구 환경 챔피언〉 등이 있습니다.

물의 여행

초판 1쇄 인쇄 2014년 12월 10일 | **초판 1쇄 발행** 2014년 12월 20일
글 크리스텔 위에-고메즈 | **그림** 에마뉘엘 우세 | **옮김** 이효숙
편집 김경희 | **영업** 차영호 | **디자인** 박재원
펴낸곳 도서출판 다산기획 | **등록** 제313-1993-103호
주소 (121-841) 서울 마포구 서교동 451-2 | **전화** 02-337-0764 | **전송** 02-337-0765
ISBN 978-89-7938-089-7 73530

＊ 잘못 만들어진 책은 바꿔 드립니다.